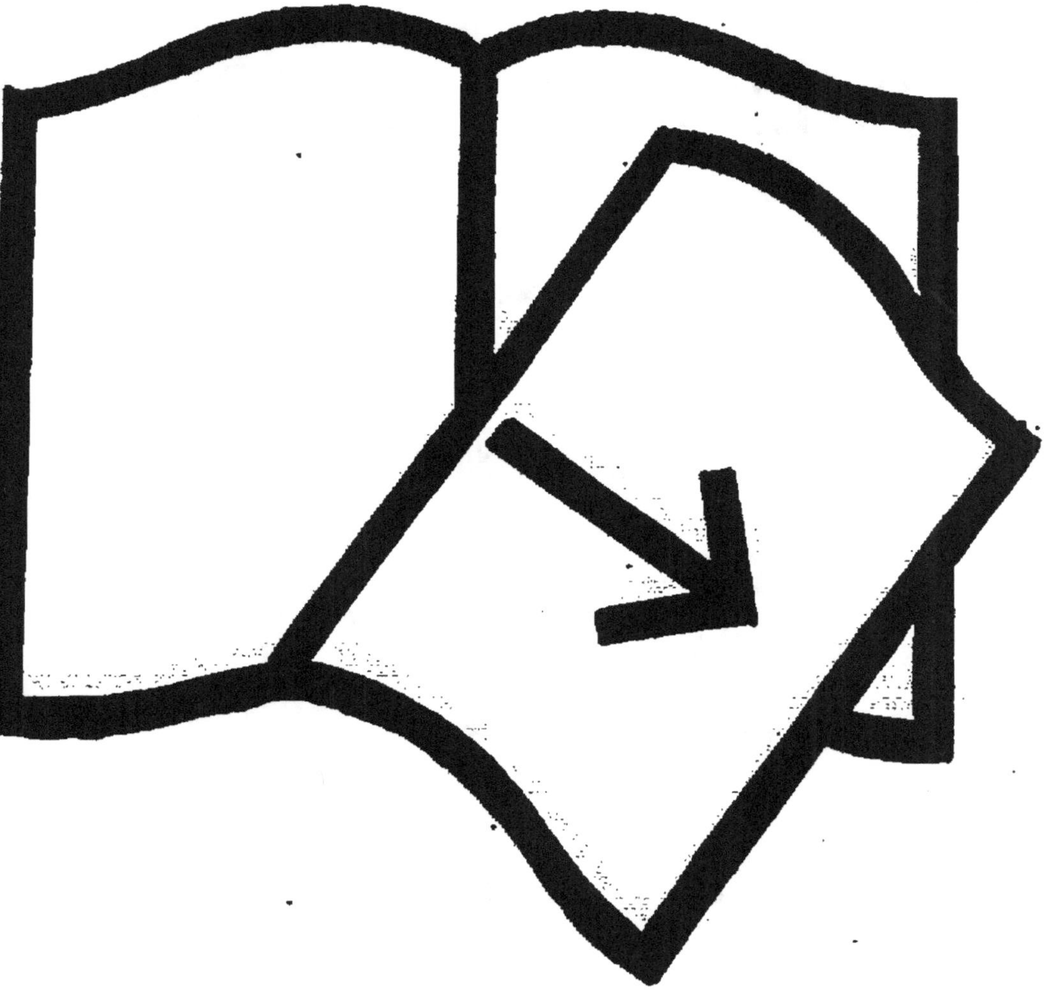

Couvertures supérieure et inférieure
manquantes

LES
ÉGLISES DE TARBES

PREMIÈRE NOTICE

L'ÉGLISE Ste-THÉRÈSE

(Carmes)

TARBES

TH. TELMON, IMPRIMEUR-ÉDITEUR

1864

LES

ÉGLISES DE TARBES

L'ÉGLISE S^{TE}-THÉRÈSE

(Carmes)

Tarbes est une ville heureusement dotée par la nature. Les eaux limpides circulant dans ses rues ; l'air toujours pur qu'on y respire ; les riantes et vertes promenades dont elle est entourée, et, par-dessus tout, le magnifique cadre de la chaîne des Pyrénées, qui borne à l'horizon de l'Espagne le regard du touriste, tous ces éléments divers forment un faisceau de beautés naturelles que l'on envie de tous côtés à l'antique cité tarbéenne.

Je dis *l'antique cité*, bien qu'on n'y voie guère de monuments portant le cachet extérieur de l'ancien temps ; à peine si le clocher de l'église des Carmes, qui domine la ville depuis bientôt six cents ans, attire, sans la fixer, l'attention du voyageur. Les lignes simples de son architecture sont, du moins, restées en parfaite harmonie avec l'ensemble de l'église heureusement restaurée.

Des deux autres églises qui sont encore debout, l'une, l'église St-Jean, quoique d'une origine antérieure à l'an 1282, date de la fondation de l'église des Carmes, ne dénote à l'extérieur son ancienneté que par les lucarnes meurtrières de la grosse tour carrée qui sert de base au clocher; l'autre, la cathédrale de la Sède, œuvre du XII° et du XIII° siècles, se révèle (1) par ses trois larges fenêtres pleincintre, et surtout par son élégante rosace, surmontée d'une double lucarne trilobée.

Le sort des trois églises a été celui des bourgs où elles étaient assises ; aussi, voyonsnous sans surprise qu'elles servaient à compléter la défense des habitants contre les forces ennemies ; souvent même, cette défense était concentrée sous leurs voûtes. A travers quelles vicissitudes ces monuments sont-ils restés debout jusqu'à nos jours ? Que reste-t-il

(1). Cénac-Moncaut, *Voyage archéologique et historique dans l'ancien comté de Bigorre*, imprimé chez Telmon.

devant nos yeux des pierres élevées à la voix
du religieux ou du prêtre par la foi de nos
pères ? intéressantes études qui captivent les
esprits sérieux et méditatifs (1) dont les œuvres
nous ont facilité la tâche entreprise aujour-
d'hui de suivre d'âge en âge l'histoire de nos
églises. Les manuscrits originaux sont d'une
grande ressource en pareil cas. En secouant
leur poussière, on retrouve (2) la vie, les mœurs,
les choses du temps passé.

Les documents relatifs à l'église et au couvent
des Carmes sont assez complets. J'extrais de l'un
de ces manuscrits, écrit en latin et intitulé :
Status Couventus, le récit historique des pre-
miers temps des carmes, présenté, en 1662,
par le **P. Richard**, prieur de l'Ordre, à la fin
de son trienne, devant les Frères assemblés,
dont j'ai soin de combler quelques lacunes.

« L'an mil deux cent cinquante-six, le roi de
« France saint Louis ramena avec lui, de la
« Terre-Sainte à Paris, six moines du mont
« Carmel.

---

(1) **M. Louis Deville**, *Etude sur Tarbes, Notices sur les
églises de Ste-Thérèze* (les Carmes) *et de St-Jean.*

(2) Pour lire couramment ces manuscrits, j'ai été fort aidé
par **M. Magenties**, archiviste de la préfecture, excellent
paléographe, qui m'a communiqué plusieurs documents
originaux.

« En 1280, ces religieux vinrent en Aqui-
« taine, deux d'entre eux se rendirent en Bi-
« gorre dans le but d'établir leur domicile
« dans la ville et cité de Tarbes. Ils purent fon-
« der un couvent, grâce à la libéralité des sei-
« gneurs, à la piété du peuple et aux aumônes
« qu'on leur fit. Les honneurs dus au fonda-
« teur sont attribués au seigneur marquis de
« Bazillac; mais les habitants de Tarbes y pré-
« tendent aussi de leur côté. »

L'évêque et le chapitre de Tarbes leur don-
nèrent licence d'avoir église et cimetière hors
ville; la bulle en faveur du frère Sertorius,
prieur de la communauté, est à la date du 12
septembre 1282.

Le terrain choisi pour cette fondation dont
les dépendances étaient assez vastes, appelé
bourg *crabé* (chevrier) et aussi *escarnadé*, et plus
tard *Portal Devant*, était complètement isolé
en dehors des murs, tours et fossés qui proté-
geaient chacun des bourgs dont l'ensemble for-
mait la ville de Tarbes.

Ainsi placée, la nouvelle église allait être ex-
posée presque sans défense aux attaques des
maraudeurs et des routiers; tandis que les
églises de St-Jean et de la Sède, sises l'une et
l'autre à l'abri de solides fortifications, au milieu de bourgs très peuplés, ne pouvaient être

abordées de force qu'à l'aide d'un siége régulier.

Les carmes passaient pour pauvres : cette seule renommée suffit longtemps pour les protéger.

« En 1466, des brigands armés abîmèrent « notre couvent et l'église.

« En 1474, Gaston de Foix, prince de Na-« varre et comte de Bigorre, donna deux cents « écus d'or pour reconstruire les murs du « grand autel et la voûte, comme il apparaît à « la lecture de l'*inscription placée au-dessus de* « *la porte de la sacristie.*

« En 1569, le comte de Montgommery, com-« mandant les troupes de la reine Jeanne, « princesse de Navarre.... n'épargna ni le « couvent ni l'église.

« Le 15 janvier 1576, Jean de Bazillac attri-« bua par testament une rente annuelle de cin-« quante livres au couvent en qualité de fon-« dateur.

« La voûte du grand autel est en pierre, le « reste de l'église en brique... jour et nuit une « grande lampe d'argent s'y trouve allumée.

« Il y a dans l'église trois chapelles. A droite, « celle vouée à Notre-Dame-du-Mont-Carmel ; « là est en vigueur la dévotion du saint scapu-

« laire, l'autel décoré de peintures, la voûte en
« pierre, une lampe d'argent en font le prin-
« cipal ornement. A gauche, la chapelle de
« St-Joseph, où l'on voit les tableaux des
« saints mystères, est fréquentée non seule-
« ment par les habitants de Tarbes, mais par
« une foule de confrères étrangers.

« Au milieu de l'église, du côté droit, la cha-
« pelle de Notre-Dame-des-Agonisants. Il y a
« encore au fond de l'église, du côté de l'E-
« vangile, une autre petite chapelle sous le
« vocable de Notre-Dame-de-Pitié.

« Au fond de l'église se dresse le clocher,
« remarquable par sa structure et son éléva-
« tion : il est de pierre et de brique.

« Dans le cloître, à colonnes et chapitaux
« en très beau marbre jaspé, est la chapelle
« St-Eutrope, évêque et martyr (1). C'est là que
« se tient notre chapitre d'âge en âge. A côté,
« dorment ensevelis nos frères et plusieurs
« personnes des deux sexes qui ont mérité cet-
« te faveur. »

La tribune *toute peinte* (2) était placée au-
dessus de la voûte de la chapelle St-Joseph. Il

(1) Une partie de ces chapitaux sont déposés au musée du
jardin Massey.

(2) En 1664.

y avait un petit orgue, plus un grand *diurnal*
ou *antiphonaire* de papier couvert de basane
verte, un missel ou graduel noté, un martyro-
loge, les méditations de Capiglia, deux grands
chandeliers de bois.

Le couvent et le cloître n'offraient rien de
bien remarquable, si ce n'est dans le parvis
qui précédait la chapelle St-Eutrope. Après le
cloître, attenant à l'église au nord-est, s'éten-
daient à l'ouest et au nord les jardins et le magnifique enclos des carmes, planté en vignes (1).

Le bien immobilier des religieux comprenait encore quelques places (2) fermées de mu-
railles, situées à l'entour de l'église et des
murs du couvent, une métairie appelée de
Dimbarre, un moulin et 18 *journaux* de terre
au quartier de la Sarre. Le revenu de ces
biens aurait été loin de suffire à l'entretien du
personnel et surtout à la conservation de l'édifice, qui ne paraît pas avoir été solidement re-
construit après les désastres de 1474 et de
1569. Aussi les carmes dûrent-ils s'estimer

(1) L'enclos rapportait en moyenne de 8 à 10 barriques de
vin par an.

(2) L'une de ces places, revendiquée par les carmes en
1671, fut déclarée par le conseil, au rapport du consul
Vincent, propriété de la ville; mais la porte d'entrée eut
deux clés, dont l'une était laissée au prieur des carmes.

heureux de trouver dans la bulle de leur institu-
tion à Tarbes, de 1282, les moyens de pourvoir
aux besoins de la communauté. La licence
d'avoir cimetière fut la source principale des
revenus du couvent et de l'église. Nos pères,
animés d'une foi vive, aimaient à penser que
sur leurs restes, protégés par le respect dû aux
lieux saints, les religieux habitants du cloître
prieraient quelquefois pour le repos de leurs
âmes. De là, des objets de fondations pieuses ;
de là, une source de revenus que l'on peut éva-
luer annuellement à une somme variant de
1,500 à 3,000 livres, balancée par une dépense
à peu près égale. La quête, — car les carmes
quêtaient, — rapportait par an une dizaine de
sacs de *caron* ou de *blé de Turquie*.

Le père Richard n'avait pas mentionné le testament de l'évêque de Tarbes, Raymond de
Montbrun, daté de 1357, en vertu duquel chaque carme assistant à la messe anniversaire de
sa mort avait droit à un pain blanc valant 8
sols.

Il ne parle pas plus que ne le font ses suc-
cesseurs d'un fief de Montaignan, propriété de
la ville de Tarbes qui venait d'être adjugée,
depuis quelques années, à un sieur Boriol,
cessionnaire de la communauté des carmes,
par arrêt du Parlement de Toulouse. L'arrêt
est motivé par le préjudice que leur avaient

causé les habitants en pillant les calices et l'ar-
genterie de l'église et du couvent, lors du pas-
sage de Montgommery à Tarbes. Cet arrêt a-t-il
jamais été ramené à exécution, ou bien les
carmes transigèrent-ils pour une somme d'argent. Ce qui porte à douter de l'exécution
de cette décision, ce sont d'abord les délibérations du conseil de la ville de Tarbes en
1614, 1654, 1691, où le fief de Montaignan
est mentionné comme rapportant à la ville 200
livres par an ; et encore, les livres terriers de
1658 et les suivants qui donnent les noms des
divers propriétaires du quartier de Montaignan, ainsi que du fief, et le nom de Boriol ne
s'y trouve pas même indiqué.

Il n'y a rien d'impossible, du reste, à ce que
quelques huguenots, soit de la ville, soit de la
Béziau, se soient mêlés aux entreprises de
leurs corréligionnaires : c'était la logique des
temps.

Le pillage du couvent était d'ailleurs très
difficile à éviter. A cette époque, les protestants,
maîtres de la ville sous les ordres du capitaine
Brun, étaient fortifiés dans le couvent des Carmes ; il fallut les en déloger à la suite d'un
vigoureux assaut livré par les habitants, le 8
mai 1574. (Récit de M. Moncaup, avocat feu-
diste, en 1782)

Dès le XVIIe siècle, les fondations pieuses reprirent un nouvel essor : nobles et bourgeois, capitaines et prêtres recommandaient à leurs héritiers de confier leur sépulture à cet asile écarté des bruits de la guerre et des discordes civiles. Ceux qui ne le pouvaient pas, et c'était le plus grand nombre vers 1650, léguaient des sommes d'argent pour fonder des messes anniversaires, des oraisons. Des inscriptions nombreuses étaient placées dans l'église et dans le cloître : quelques-unes attestaient les grands faits des personnages enterrés en ce lieu, et quelquefois les regrets laissés après eux.

Larcher, le collectionneur, qui a sauvé de l'oubli les chroniques du Bigorre et qui vivait au milieu du XVIIIe siècle, a vu une de ces inscriptions dans l'église des Carmes, gravée en 1610, par les soins de la veuve de B. de Miossens, homme d'armes vaillant. Françoise de Montesquieu, veuve Miossens, ajoute Larcher, non sans un grain de malice, convola l'année suivante en secondes noces avec Gabriel de Montesquieu. Elle fut enterrée sans épitaphe dans l'église des Minimes de Vic, à la survivance de son mari qu'elle institua son héritier.

Le père Richard cite le nom des Bazillac, mais il omet de raconter la cérémonie religieuse qui était observée chaque année, le jour de Ste-Catherine, patronne du premier

seigneur de cette famille qui vint en aide à la communauté « le 25 novembre de chaque an-
« née, alors que les feuilles des arbres tour-
« noyaient dans les eaux froides de l'Adour,
« on voyait passer les carmes de ·Tarbes, le
« capuchon rabattu, chantant des hymnes et
« se dirigeant le long du fleuve vers le château
« de Tostat, résidence des seigneurs de Bazil-
« lac, pour y dire l'office. Le baron attendait
« les moines, debout sur le seuil de sa porte,
« au-dessus de laquelle étaient sculptées ses
« armes au tourteau de gueules au lion d'azur
« ayant pour support deux dames portugai-
« ses. »

J'aime cette chronique ; je l'aime mieux que la transaction intervenue entre les sei-gneurs de Bazillac et les carmes, en 1671 (1), d'après laquelle ces derniers s'engagent à aller à Tostat le jour de Ste-Catherine, vierge et marlyre, patronne de la famille Bazillac, à la maison principale du seigneur qui est Tostat, où étant, ils disent dans l'église paroissiale une messe en l'honneur de Ste-Catherine, et les autres prêtres, chacun une messe basse pour

(1) Les offrandes en argent et réfection qu'on· leur fait sont réglées, savoir : pour la grand'messe, 3 fr.; pour le prédicateur, 3 fr. ; 5 sols à chaque choriste. De plus, il est donné pour chacun des RR. Pères, un pain de valeur de 6 sols et deux paires de poules.

lesdits seigneurs et sa famille, pour les vivants et les morts, et y prêchent.

Après les documents qui se rattachent à l'exposé que nous venons d'extraire du *Status Conventus*, én voici d'autres, sinon coutemporains, du moins très rapprochés de l'époque où il fut écrit. Je veux parler des délibérations du conseil de ville de Tarbes, de 1614 à 1695, qui ont été couchées sur les registres, sauf quelques regrettables lacunes. Depuis l'arrêt du Parlement de Toulouse, la communauté des carmes paraît avoir conservé de bons rapports avec les habitants deTarbes. On trouve qu'ils se prêtent volontiers,au besoin, à faire cause commune avec eux.

En 1615, les princes de Condé se mirent de nouveau à la tête des mécontents et des Calvinistes ; ils levèrent un corps d'armée dont la destination parut fort suspecte au moment où Louis XIII, âgé de quatorze ans, était sur le point, disait-on (on le disait à tort), d'aller à Bayonne, épouser Anne d'Autriche, âgée de 14 ans comme son mari. La noblesse de province se montrait tout aussi mécontente que celle de la cour. Les droits féodaux étaient absorbés par le pouvoir royal et fort rognés par les franchises municipales. En Bigorre, il y avait, comme ailleurs, des turbulents, des coureurs d'aventures, gens toujours disposés à pêcher

en eau trouble et, au besoin, à troubler l'eau.
Une bonne fortune s'offrait à eux, celle de pil-
ler la ville de Tarbes qui avait commencé à
goûter quelques années de tranquillité sous le
règne de Henri IV. Ils en formèrent le projet.
Mais l'un d'entre eux vint dévoiler leur plan à
un *sien parent, sénéchal* du roi à Tarbes.

A l'instant, les consuls de la ville s'émeuvent;
ils confient au sergent trompette de ville *Riper*
le soin de convoquer dans l'église St-Jean les
consuls et les conseillers des bourgs, des *car-
rères* et des faux bourgs. Dans cette réunion,
qui eut lieu le 19 septembre 1615, les précau-
tions les plus minutieuses furent prises pour
coordonner le système de défense de la cité.
Chacune des portes des bourgs fut confiée à
des sentinelles choisies, des vedettes furent orga-
nisées. En outre, « le consul du Portal-Devant
« tiendra une sentinelle le jour au clocher des
« Carmes, qui sonnera la cloche à chaque
« homme à cheval qu'il verra arriver, savoir
« un coup de cloche afin de donner entendre
« le nombre de gens à cheval et donnera l'a-
« larme avec ladite cloche s'il observe une
« grande troupe de gens de guerre. »

La ville ne fut pas pillée ; mais, en revan-
che, elle eut à supporter désormais pendant
presque tout le XVII° siècle, les charges rui-
neuses de l'entretien des garnisons du roi.

Après la menace de la grande guerre, voici venir la petite guerre entre les carmes et leur voisin : elle dure 3 ans. Michel Alleman était, en 1629, propriétaire d'une maison contiguë à la petite place située aux abords de l'entrée du cloître et de l'église ; il plaidait contre les carmes devant *Messieurs* des Requêtes de Toulouse, au sujet d'un *fournial* et d'un égout attenant à cette place. Pendant l'instance, Alleman fait acte de maître en réparant le toit en ruines du fournial. Les carmes s'y opposent par voies de fait, à raison desquelles assignation leur est donnée devant le sénéchal du roi, à Tarbes.

Les carmes portent le débat à Toulouse et demandent, par l'organe du procureur général du roi qui prend fait et cause pour eux, l'annulation de ce qui a été fait par devant le sénéchal et la jonction de cette instance avec celle pendante devant la chambre des requêtes. L'avocat du sieur Alleman, maître Salles, combat le procureur général *dans tous ses dires*.

Après avoir *présenté ses lettres avec honneur et révérence*, il conclut à la *disjonction* des instances ; il raconte que *ledit Alleman*, ayant voulu remettre *ledit toit d'un fornial* en même état « et comme il devait être, et le couvrir « d'ardoises, ayant fait travailler par son char- « pentier, lesdits religieux de *voyes* de fait « avaient non seulement rompu et brisé, à

« grands coups de pierres, toute l'ardoise,
« mais encore blessé de ses coups, tant ledit
« Alleman que ledit charpentier qui était sur
« le toit, de quoi il a été enquis. Néanmoins, il
« consent à la *liaison et jonction* des instances
« pour couper court et au surplus conclut à la
« *cuillité* desdites lettres (extrait de l'arrêt sur
« parchemin du Parlement de Toulouse, du 3
« juillet 1682). »

La petite guerre n'eut pas de suites bien vives, malgré la plaidoirie de l'avocat ; car nous trouvons dans le livre des obits des Carmes la mention d'un testament fait, en 1652, par un sieur Michel Alleman, appelé aussi Dalleman, par lequel il lègue 100 livres aux carmes pour des services religieux.

Déjà, à plusieurs reprises, les familles dont les ancêtres avaient contribué à la fondation de l'église faisaient sentir aux religieux à quel point leurs chefs étaient jaloux d'être réputés véritables fondateurs de l'église et du couvent. C'est à quelque insistance de cette nature qu'il faut attribuer un fait de la part des carmes, qui éveilla à un haut degré les susceptibilités des habitants de Tarbes, le dernier janvier 1648. M. de Lucia, premier consul, consul du bourg vieux, exposa au conseil de ville que « les re-
« ligieux ont voulu ôter et effacer les armes de
« Sa Majesté qui sont à la maîtresse clef de

« voûte de l'église, comme aussi celles de la
« ville qui sont aux deux piliers du cloître, et
« effacer l'écriteau peint en ancienne écriture
« *sur la muraille du côté de l'évangile* (1) du
« grand autel, contenant que notre *comte* (2)
« est enseveli en la susdite église en qualité de
« fondateur d'icelle, au préjudice de quoi cer-
« tains particuliers, par le support desdits car-
« mes, veulent se faire déclarer patrons de la-
« dite église.

« ..... qu'ils auraient fait enlever les bancs
« destinés à MM. les officiers du Sénéchal et à
« MM. les consuls, qui étaient dans ladite égli-
« se, ce qui est une entreprise contre les droits
« de Sa Majesté et du public.

Le conseil vote, d'un commun accord, qu'il
en sera référé, pour obtenir prompte justice,
au procureur du roi.

Cette inscription, placée du côté de la sacristie, soulève une question que nous allons indiquer. Si le consul de Tarbes, dont le rapport
vient d'être cité textuellement, a voulu réelle-

---

(1) C'est-à-dire du côté de la sacristie, à gauche de l'église.

(2) Ce mot comte, que nous avons cru lire dans la délibération, et que d'autres mieux versés que nous dans l'art
paléographique ont lu également, n'est pas écrit de façon à
être complètement affirmé; toutefois, la forme des lettres
et le sens de la phrase l'indiquent assez clairement.

ment parler d'un comte de Bigorre, fondateur des carmes, enseveli dans l'église des Carmes, on se demande quel peut être ce personnage. Le comte contemporain de la fondation du couvent est le faible Esquivat de Chabannes, fils de la bonne comtesse Pétronille. Il mourut en 1283, et, d'après son testament, il devait être enterré au monastère de l'Escaledieu. Après lui, le titre de comte de Bigorre est tellement disputé qu'il n'appartient à personne jusqu'à Gaston Phœbus, à qui Charles VII le rendit en 1425. Or, Gaston Phœbus, l'un des hommes les plus remarquables de son temps, et dont les armes brillaient, en effet, dans l'église, est enseveli à Orthez. Son fils Gaston, tué dans un tournoi à Bordeaux, à côté de Louis XI, est enseveli à St-André de Bordeaux. Tout porte à penser que le consul de Tarbes voulait désigner Gaston Phœbus ; car, après lui, les femmes se disputent le comté, qui passe définitivement dans le domaine direct de la Couronne.

Il y avait déjà à Tarbes un ordre religieux autre que celui des carmes : c'était l'ordre des cordeliers, qui fournissait des prédicateurs et des missionnaires. Aussi, lorsque les capucins demandèrent, en 1655, à être admis à fonder un nouveau couvent, les carmes s'opposèrent-ils vivement à leur admission. Un mémoire signé par eux à cette occasion parut trop vif au conseil de ville : les capucins furent admis.

Il est vrai que la peste, qui avait déjà paru en l'an 1507, avait décimé la ville de Tarbes en 1654, et que les capucins passaient pour avoir été d'un secours précieux pour les malades atteints, en 1653, de la maladie contagieuse qui ravagea le pays de Bagnères et du Lavédan.

Quelle terrible année pour Tarbes que l'année 1654 ! Les garnisons (1) viennent y tenir leur quartier d'hiver et la peste la ravage pendant l'été. La ville contracte pour 100,000 livres de dettes ; pour faire face au paiement des intérêts, elle augmente l'impôt de la viande, du pain et du vin. Les consuls sont chargés, en outre, de faire une rigoureuse application de l'impôt appelé *tailhe* sur tous les domaines et fiefs des habitants. Les carmes, dont le domaine de la *Sarre* est de fondation noble, se prétendent exempts et refusent de payer l'impôt. Le conseil de ville commence, en 1657, un procès contre eux, en les qualifiant d'*ingrats*, etc. Le débat se prolonge : à chaque fin

(1) Elles comprennent 6 *compagnies* du régiment colonel de cavalerie, l'état-major et 2 *compagnies* de cavalerie, 20 *compagnies* d'infanterie et l'état-major, etc., d'après les termes d'une délibération de 1654.

d'année, le trésorier de la ville, qui rend ses comptes au conseil, se libère, par rapport à la taille que les carmes ne veulent point payer, tantôt par une saisie réelle pratiquée sur leurs débiteurs, tantôt par une décharge que la ville lui accorde. Enfin, en 1686, les deux arbitres choisis par la ville et par les pères carmes rendent une sentence qui donne gain de cause aux carmes sur la majeure partie de leurs réclamations. (Papiers des carmes déposés à la préfecture.)

On comprend qu'à une pareille époque les règlements, dont une partie nous a été conservée par Larcher sous le nom de *Trobas*, aient été fort négligemment exécutés. Les bêtes mortes étaient jetées sur les places, les fumiers *bâtis* à côté des églises, si bien qu'il devint fort incommode pour les carmes de célébrer les services religieux dans la chapelle aujourd'hui détruite de Notre-Dame-du-Mont-Carmel, sise au sud-est de l'église. La place voisine était bourbeuse, pleine de fumiers ; chaque voisin s'en servait comme il l'entendait : c'était l'endroit appelé cimetière des *Huguenauts*. Il fallut remédier énergiquement à ces désordres qui auraient pu fort bien ramener la peste dans la ville.

L'esprit religieux, loin de diminuer, est encore en pleine croissance jusqu'au milieu du

XVII⁰ siècle ; les chapelles se multiplient dans l'église des Carmes (1), mais elles ne sont plus bâties de brique ou de pierre : les voûtes sont peintes sur lambris.

Nous lisons dans une délibération du 20 janvier 1671 : « En considération de ce que les « pères carmes ont fait considérables dépenses « dans la réparation de leur église de cette « présente ville et sont obligés d'en faire à la « canonisation de Ste-Magdaleine de Pazy, la « somme de dix livres leur sera quittée tant « moins de la taille à eux imposée. »

La ville continue à liquider sa situation financière, fort embarrassée depuis ce millésime de 1654, qui apparaît dans la plupart des délibérations du conseil de Tarbes pour rappeler une date fatale. Les emprunts succèdent aux emprunts. L'évêque de Tarbes, les magistrats du roi, sont les bailleurs de fonds; à leur nom il faut joindre celui de la communauté des Carmes qui, en 1717, fait prêt à la ville de la somme de *mille livres*. Intéressés, soutenant avec vigueur les procès au Sénéchal de Bigorre comme devant le Parlement, les religieux savent aussi secourir selon leurs facultés. On

___

(1) Il y avait, au XVIII⁰ siècle, 7 chapelles, savoir : Notre-Dame, St-Joseph, Sacré-Cœur-de-Jésus, Notre-Dame-de-Pitié, Magdaleine-de-Pazy, St-Eutrope, St-Roch.

lil avec plaisir, dans les comptes-rendus faits par les prieurs, la mention d'une somme dépensée chaque année pour les aumônes. Dès le commencement du XVIII* siècle, l'église et le cloître exigent de continuelles et de grosses réparations (1); pour y subvenir, il aurait fallu que les ressources eussent été en augmentant, et c'est le contraire qui arrivait.

Non seulement les dons et legs, si abondants en 1650, sont devenus rares, mais encore les anciennes fondations religieuses sont contestées, déniées; elles donnent lieu à des procès. Le souffle puissant, mais destructeur du XVIII* siècle, ébranlait les vieilles assises du monde social et religieux. La tempête révolutionnaire emporta l'ordre des Carmes.

Expulsés de leur asile, les derniers carmes, qui sont Guilhaume Yacinthe, ancien prieur, Raymond Garellon, Anselme Agien, Joseph

(1) En 1754, 2817 livres pour réparer l'église; en 1757, 1400 livres pour réparer les cloches et le clocher; en 1760, 552 livres pour réparer un mur tombé entre le clocher et l'église. L'inventaire de 1760 mentionne une curieuse particularité : on y voit que le prieur Boniface Taverne a dépensé 28 livres pour réparer *la pendule qui n'allait pas depuis plus de trente ans.* Le cloître devait régler ses heures d'offices sur l'horloge du Portal-Devant, placée dans une tour à côté de l'église servant de porte à l'aspect du Marcadieu : les églises de Tarbes n'avaient pas d'horloge à cette époque.

Cazade, Giles Benquez, furent gratifiés d'une pension servie au nom de la nation.

Longue serait la liste des donateurs et bienfaiteurs du couvent ; bornons-nous à citer quelques noms :

La famille de Bazillac ; Sales ; de Castelnau-Laloubère; Lafont, lieutenant du roi ; d'Escoignan ; de la Garde ; Andrée d'Antin ; de Sallenave; Jean Vidal, bourgeois; Péteilh, sculpteur; Guilhaume Dandrest, bourgeois de Vic ; Dulau, aubergiste; Demont, avocat ; Depierris, avocat; Gaston Latapie, procureur; Bernard Vignes, chirurgien ; Michel Béroux; Raymond Poca, curé de Louey ; de Lussaignet, etc., etc. (1).

L'église, fermée comme le couvent, s'ouvrit bientôt après pour recevoir les suspects. Parmi eux il en était peut-être dont les ancêtres avaient leur nom écrit sur quelque pierre tumulaire ou dans le grand livre des bienfaiteurs, déposé naguère dans la sacristie des Carmes.

Voici le tableau précis des vicissitudes subies

(1) Parmi les débiteurs de la sacristie figure demoiselle Biget, dite Gachîne, fille du *symphoniste*. Tout semble indiquer dans ce nom quelque ancêtre de la famille Lasserre, connue à Tarbes par son culte pour la musique, et dont l'un des plus jeunes fils porte aujourd'hui très haut le renom : c'est l'un des meilleurs violoncellistes de Paris.

depuis cette époque par l'église. En l'an III, elle sert de caserne aux militaires invalides, en même temps qu'on y fabrique du salpêtre pour le compte de l'Etat. Convertie en maison de détention en l'an V, elle est remise par ordre supérieur à un entrepreneur de la fourniture des fourrages pour y loger *momentanément* le foin et la paille que le magasin militaire ne pouvait contenir. Le couvent n'est plus qu'une ruine à cette époque, mais l'église aurait pu être encore assez facilement restaurée.

Les années s'écoulent, et le sort de l'église est loin de s'améliorer. En 1815, le conseil municipal demande à y créer la caserne destinée à recevoir une garnison. L'administration supérieure repousse la demande ; elle indique comme plus praticable le projet d'y établir la caserne de gendarmerie et de relever en même temps une chapelle ou oratoire pour y célébrer la messe dominicale.

En 1820, le maire de Tarbes, M. le baron de Gonès, provoqua une délibération à fin de soumissionner pour le compte de la ville et au denier vingt, le bâtiment et l'église, pour y établir une succursale sous le vocable de Ste-Thérèse. Par ordonnance royale du 7 février 1823, il fut décidé que l'église des Carmes serait rendue à la ville pour être affectée aux besoins

du culte sous le nom de chapelle de secours.
Cette même année, les présidents du tribunal
civil et du tribunal de commerce de Tarbes,
MM. Laporte et Fouchou en prirent possession
au nom de la ville.

Mais cette possession n'était qu'illusoire, le
ministre de la guerre, tout en offrant de céder
l'église, rappelait que la ville avait pris l'enga-
gement de lui fournir un autre grenier à fourrages, indispensable au service de la garnison.
Ce local, promis au génie militaire, n'était pas
encore trouvé en 1827 et, pendant ce temps,
l'église se délabrait de plus en plus. Le domaine mit en vente, en 1827, les emplacements
voisins de l'église. L'un d'eux comprenait les
restes encore debout de la chapelle de Notre-
Dame-du-Mont-Carmel. Quand l'acheteur voulut toucher à ces murs, il y eut opposition de
la part de l'administration de la guerre. De là,
procès en résiliation de la vente de la part de
l'acquéreur. Ses prétentions, admises par arrêt
du conseil de préfecture, furent rejetées par
ordonnance royale rendue en 1831 le *conseil
d'Etat entendu*. Désormais, la chapelle pouvait
être rasée : elle le fut (1).

Faute de pouvoir trouver un autre local

______

(1) Les habitants de la paroisse désirent vivement le
rétablissement de cette chapelle.

à offrir à l'administration de la guerre, l'église subit cet état de dégradations jusqu'au jour (1838) où l'on voulut pratiquer, à l'aspect du nord, une porte pour faciliter l'entrée des fourrages : une partie des murs s'écroula. Ce désastre était d'autant plus fâcheux que l'accroissement de la population faisait sentir de plus en plus le besoin de créer une paroisse nouvelle.

Le conseil municipal vota la plus grande partie des fonds nécessaires à la restauration de l'église. M. Tiffon, architecte, réussit à reproduire le type de l'ancienne église. Cinquante-cinq mille francs furent consacrés à cette œuvre (1).

La nouvelle église, placée sous l'invocation de Ste Thérèse, a été bénie (2) en 1845. Toutefois, elle ne fut érigée en cure qu'à la date de 1847. Des tableaux reproduisant les toiles des plus grands maîtres tapissent les murs de l'église : ils font honneur au peintre Lagarrigue, notre compatriote. Néanmoins, la restauration était encore incomplète; certaines parties de l'église tranchaient par leur nudité sur les dé-

(1) Nous regrettons que l'œuvre de restauration n'ait pas été complétée pour le caveau mortuaire placé sous le chœur de l'église, que l'on pourrait peut-être encore convertir en une chapelle souterraine.

(2) M. Adam a composé pour la circonstance une messe en musique qui fut remarquée.

corations de l'intérieur. Le curé de Ste-Thérèse, l'abbé Cieutat, a continué sans relâche ses efforts pour achever la complète résurrection de son église. Des travaux exécutés en 1863, presque tous relatifs à la décoration intérieure, viennent d'effacer toute discordance et de rétablir l'harmonie dans toutes les parties de l'édifice.

La clef de voûte porte les armoiries de Gaston Phœbus ; l'écusson des pères carmes est placé dans la 1re travée eu-dessus de la tribune.

La 2e supporte les armoiries de Mgr Double, évêque de Tarbes, qui rétablit le culte dans l'église des Carmes.

La 3e est consacrée aux armes de la ville de Tarbes.

La 4e est ornée des armoiries de Mgr Laurence, évêque actuel de Tarbes, qui a présidé à la dédicace de l'église, et dont le nom éveille l'idée d'une foule d'œuvres pieuses et utiles, menées à bonne fin.

Tarbes, le 21 mai 1864.

A. CAZABONNE.